T 56
Lib 587

Anniversaire de la Révolution de 1848.
24 Février 1855. — A Jersey.

DISCOURS
DE
VICTOR HUGO.

Proscrits,

Si la révolution, inaugurée il y a sept ans à pareil jour à l'Hôtel-de-Ville de Paris, avait suivi son cours naturel, et n'avait pas été, pour ainsi dire, dès le lendemain même de son avènement, détournée de son but; si la réaction d'abord, Louis Bonaparte ensuite, n'avaient pas détruit la république, la réaction par ruse et lent empoisonnement, Louis Bonaparte par escalade nocturne, effraction, guet-apens et meurtre; si, dès les jours éclatants de Février, la République avait montré son drapeau sur les Alpes et sur le Rhin et jeté au nom de la France à l'Europe ce cri : Liberté! qui eût suffi à cette époque, vous vous en souvenez tous, pour consommer sur le vieux continent le soulèvement de tous les peuples et achever l'écroulement de tous les trônes; si la France, appuyée sur la grande épée de 92, eût donné aide, comme elle le devait, à l'Italie, à la Hongrie, à la Pologne, à la Prusse, à l'Allemagne, si, en un mot, l'Europe des peuples eût succédé en 1848 à l'Europe des rois, voici quelle serait aujourd'hui, après sept années de liberté et de lumière, la situation du continent.

On verrait ceci :

Le continent serait un seul peuple; les nationalités vivraient de leur vie propre dans la vie commune ; l'Italie appartiendrait à l'Italie, la Pologne appartiendrait à la Pologne, la Hongrie appartiendrait à la Hongrie, la France appartiendrait à l'Europe, l'Europe appartiendrait à l'Humanité.

Plus de Rhin, fleuve allemand ; plus de Baltique et de mer Noire, lacs russes ; plus de Méditerranée, lac français ; plus d'Atlantique, mer anglaise ; plus de canons au Sund et à Gibraltar ; plus de kammerlicks aux Dardanelles. Les fleuves libres, les détroits libres, les océans libres.

Le groupe européen n'étant plus qu'une nation, l'Allemagne serait à la France, la France serait à l'Italie ce qu'est aujourd'hui la Normandie à la Picardie et la Picardie à la Lorraine ; plus de guerre, par conséquent plus d'armée. Au seul point de vue financier, bénéfice net par an pour l'Europe : quatre milliards (1). Plus de frontières, plus de douanes, plus d'octrois ; le libre échange ; flux et reflux gigantesque de numéraire et de denrées, industrie et commerce vingtuplés, bonification annuelle pour la richesse du continent : au moins dix milliards. Ajoutez les quatre milliards de la suppression des armées, plus deux milliards au moins gagnés à l'abolition des fonctions parasites sur tout le continent, y compris la fonction de roi, cela fait tous les ans un levier de seize milliards pour soulever les questions économiques. Une liste civile du travail, une caisse d'amortissement de la misère épuisant les bas-fonds du chômage et du salariat avec une puissance de seize milliards par an. Calculez cette énorme production de bien-être. Je ne développe pas.

Une monnaie continentale, à double base métallique et fiduciaire, ayant pour point d'appui le capital Europe tout entier et pour moteur l'activité libre de deux cents millions d'hommes, cette monnaie, une, remplacererait et résorberait toutes les absurdes variétés monétaires d'aujourd'hui, effigies de princes, figures des misères ; variétés qui sont autant de causes d'appauvrissement ; car, dans le va-et-vient monétaire, multiplier la variété, c'est multiplier le frottement ; multiplier le frottement,

---

(1) Pour la France, plus de liste civile, plus de clergé payé, plus de magistrature inamovible, plus d'administration centralisée, plus d'armée permanente ; bénéfice net par an : huit cents millions. Deux millions par jour.

c'est diminuer la circulation. En monnaie, comme en toute chose, circulation, c'est unité.

La fraternité engendrerait la solidarité; le crédit de tous serait la propriété de chacun, le travail de chacun, la garantie de tous.

Liberté d'aller et venir, liberté de s'associer, liberté de posséder, liberté d'enseigner, liberté de parler, liberté d'écrire, liberté de penser, liberté d'aimer, liberté de croire, toutes les libertés feraient faisceau autour du citoyen gardé par elles et devenu inviolable.

Aucune voie de fait ; contre qui que ce soit ; même pour amener le bien. Car à quoi bon ? par la seule force des choses, par la simple augmentation de la lumière, par le seul fait du plein jour succédant à la pénombre monarchique et sacerdotale, l'air serait devenu irrespirable à l'homme de force, à l'homme de fraude, à l'homme de mensonge, à l'homme de proie, à l'exploitant, au parasite, au sabreur, à l'usurier, à l'ignorantin, à tout ce qui vole dans les crépuscules avec l'aîle de la chauve-souris.

La vieille pénalité se serait dissoute comme le reste. La guerre étant morte, l'échafaud, qui a la même racine, aurait séché et disparu de lui-même. Toutes les formes du glaive se seraient évanouies. On en serait à douter que la créature humaine ait jamais pu, ait jamais osé mettre à mort la créature humaine, même dans le passé. Il y aurait, dans la galerie ethnographique du Louvre, un mortier-Paixhans sous verre, un canon-Lancastre sous verre, une guillotine sous verre, une potence sous verre, et l'on irait par curiosité voir au muséum ces bêtes féroces de l'homme comme on va voir à la ménagerie les bêtes féroces de Dieu.

On dirait : c'est donc cela, un gibet ! comme on dit : c'est donc cela, un tigre !

On verrait partout le cerveau qui pense, le bras qui agit, la matière qui obéit ; la machine servant l'homme ; les expérimentations sociales sur une vaste échelle ; toutes les fécondations merveilleuses du progrès par le progrès ; la science aux prises avec la création ; des ateliers toujours ouverts dont la misère n'aurait qu'à pousser la porte pour devenir le travail ; des écoles toujours ouvertes dont l'ignorance n'aurait qu'à pousser la porte pour devenir la lumière ; des gymnases gratuits et obligatoires où les aptitudes seules marqueraient les limites de l'enseignement, où l'enfant pauvre recevrait la même culture que l'enfant riche ; des scrutins où la femme voterait comme l'homme ; car le vieux monde du passé trouve la femme bonne pour les responsabilités civiles, commerciales, pénales ; il trouve la femme bonne pour la prison, pour Clichy, pour le bagne, pour le cachot, pour l'échafaud ; nous, nous trouvons la femme bonne pour la dignité et pour la liberté ; il trouve la femme bonne pour l'esclavage et pour la mort, nous la trouvons bonne pour la vie ; il admet la femme comme personne publique, pour la souffrance et pour la peine, nous l'admettons comme personne publique pour le droit. Nous ne disons pas : âme de première qualité, l'homme ; âme de deuxième qualité, la femme. Nous proclamons la femme notre égale avec le respect de plus. O femme, mère, compagne, sœur, éternelle mineure, éternelle esclave, éternelle sacrifiée, éternelle martyre, nous vous relèverons ! De tout ceci le vieux monde nous raille, je le sais. Le droit de la femme, proclamé par nous, est le sujet principal de sa gaîté. Un jour, à l'Assemblée, un interrupteur me cria : c'est surtout avec ça, les femmes, que vous nous faites rire. — Et vous, lui répondis-je, c'est surtout avec ça, les femmes, que vous nous faites pleurer.

Je reprends, et j'achève cette esquisse.

Au faîte de cette splendeur universelle, l'Angleterre et la France rayonneraient ; car elles sont les aînées de la civilisation actuelle ; elles sont au dix-neuvième siècle les deux nations mères ; elles éclairent au genre humain en marche les deux routes du réel et du possible ; elles portent les deux flambeaux, l'une le fait, l'autre l'idée. Elles rivaliseraient sans se nuire ni s'entraver. Au fond, et à voir les choses de la hauteur philosophique, — permettez-moi cette parenthèse — il n'y a jamais eu entre elles d'autre antipathie que ce désir d'aller au delà, cette impatience de pousser plus loin, cette logique de marcheur en avant, cette soif de l'horizon, cette ambition de progrès indéfini qui est toute la France et qui a quelquefois importuné l'Angleterre sa voisine, volontiers satisfaite des résultats obtenus et épouse tranquille du fait accompli. La France est l'adversaire de l'Angleterre comme le mieux est l'ennemi du bien.

Je continue.

Dans la vieille cité du dix août et du vingt-deux septembre, déclarée désormais la Ville d'Europe, *Urbs*, une colossale assemblée, l'assemblée des Etats-Unis d'Europe, arbitre de la civilisation, sortie du suffrage universel de tous les peuples du continent, traiterait et règlerait, en présence de ce majestueux mandant, juge définitif, et avec l'aide de la presse universelle libre, toutes les questions de l'humanité et ferait de Paris au centre du monde un volcan de lumière.

Citoyens, je le dis en passant, je ne crois pas à l'éternité de ce qu'on appelle aujourd'hui les parlements ; mais les parlements, générateurs de liberté et d'unité tout ensemble, sont nécessaires jusqu'au jour, jour lointain encore et voisin de l'idéal, où, les complications politiques s'étant dissoutes dans la simplification du travail universel, la formule : LE MOINS DE GOUVERNEMENT POSSIBLE recevant une application de plus en plus complète, les lois factices ayant toutes disparu et les lois naturelles demeurant seules, il n'y aura plus d'autre assemblée que l'assemblée des créateurs et des inventeurs, découvrant et promulguant la loi et ne la faisant pas, l'assemblée de l'intelligence, de l'art et de la science, l'Institut. L'Institut transfiguré et rayonnant, produit d'un tout autre mode de nomination, délibérant publiquement. Sans nul doute, l'Institut, dans la perspective des temps, est l'unique assemblée future. Chose frappante et que j'ajoute encore en passant, c'est la Convention qui a créé l'Institut. Avant d'expirer, ce sombre aigle des révolutions a déposé sur le généreux sol de France l'œuf mystérieux qui contient les aîles de l'avenir.

Ainsi, pour résumer en peu de mots les quelques linéaments que je viens d'indiquer, et beaucoup de détails m'échappent, je jette ces idées au hasard et rapidement, et je ne trace qu'un à-peu-près, si la révolution de 1848 avait vécu et porté ses fruits, si la république fut restée debout, si, de république française, elle fut devenue, comme la logique l'exige, république européenne, fait qui se serait accompli alors, certes, en moins d'une année et presque sans secousse ni déchirement, sous le souffle du grand vent de Février, citoyens, si les choses s'étaient passées de la sorte, que serait aujourd'hui l'Europe ? une famille. Les nations sœurs. L'homme frère de l'homme. On ne serait plus ni français, ni prussien, ni espagnol ; on serait européen. Partout la sérénité, l'activité, le bien-être, la vie. Pas d'autre lutte, d'un bout à l'autre du continent, que la lutte du bien, du beau, du grand, du juste, du vrai et de l'utile domptant l'obstacle et cherchant l'idéal. Partout cette immense victoire qu'on appelle le travail dans cette immense clarté qu'on appelle la paix.

Voilà, citoyens, si la révolution eût triomphé, voilà, en raccourci et en abrégé, le spectacle que nous donnerait à cette heure l'Europe des peuples.

Mais ces choses ne se sont point réalisées. Heureusement on a rétabli l'ordre. Et, au lieu de cela, que voyons-nous ?

Ce qui est debout en ce moment, ce n'est pas l'Europe des peuples : c'est l'Europe des rois.

Et que fait-elle, l'Europe des rois ?

Elle a la force ; elle peut ce qu'elle veut ; les rois sont libres puisqu'ils ont étouffé la liberté; l'Europe des rois est riche ; elle a des millions, elle a des milliards; elle n'a qu'à ouvrir la veine des peuples pour en faire jaillir du sang et de l'or. Que fait-elle ? déblaie-t-elle les embouchures des fleuves ? abrège-t-elle la route de l'Inde ? relie-t-elle le Pacifique à l'Atlantique ? perce-t-elle l'isthme de Suez ? coupe-t-elle l'isthme de Panama ? jette-t-elle dans les profondeurs de l'Océan le prodigieux fil électrique qui rattachera les continents aux continents par l'idée devenue éclair, et qui, fibre colossale de la vie universelle, fera du globe un cœur énorme ayant pour battement la pensée de l'homme ? à quoi s'occupe l'Europe des rois ? accomplit-elle, maîtresse du monde, quelque grand et saint travail de progrès, de civilisation et d'humanité ? à quoi dépense-t-elle les forces gigantesques du continent dont elle dispose ? que fait-elle ?

Citoyens, elle fait une guerre.

Une guerre pour qui ?

Pour vous, peuples ?

Non, pour eux, rois.

Quelle guerre ?

Une guerre misérable par l'origine : une clef ; épouvantable par le début : Balaklava ; formidable par la fin : l'abîme.

Une guerre qui part du risible pour aboutir à l'horrible.

Proscrits, nous avons déjà plus d'une fois parlé de cette guerre, et nous sommes condamnés à en parler longtemps encore. Hélas ! je n'y songe, quant à moi, que le cœur serré.

O Français qui m'entourez, la France avait une armée, une armée, la première du monde, une armée admirable, incomparable, formée aux grandes guerres par vingt ans d'Afrique, une armée, tête de colonne du genre humain, espèce de *Marseillaise* vivante, aux strophes hérissées de bayonnettes, qui, mêlée au souffle de la Révolution, n'eût eu qu'à faire chanter ses clairons pour faire à l'instant même tomber en poussière sur le continent tous les vieux sceptres et toutes les vieilles chaînes; cette armée, où est-elle ? qu'est-elle devenue ? Citoyens, M. Bonaparte l'a prise. Qu'en a-t-il fait? d'abord il l'a enveloppée dans le linceul de son crime ; ensuite il lui a cherché une tombe. Il a trouvé la Crimée.

Car cet homme est poussé et aveuglé par ce qu'il a en lui de fatal et par cet instinct de la destruction du vieux monde qui est son âme à son insu.

Proscrits, détournez un moment vos yeux de Cayenne où il y a aussi un sépulcre, et regardez là bas à l'Orient. Vous y avez des frères.

L'armée française et l'armée anglaise sont là.

Qu'est-ce que c'est que cette tranchée qu'on ouvre devant cette ville tartare ? cette tranchée à deux pas de laquelle coule le ruisseau de sang d'Inkermann, cette tranchée où il y a des hommes qui passent la nuit debout et qui ne peuvent se coucher parce qu'ils sont dans l'eau jusqu'aux genoux ; d'autres qui sont couchés, mais dans un demi-mètre de boue qui les recouvre entièrement et où ils mettent une pierre pour que leur tête en sorte ; d'autres qui sont couchés, mais dans la neige, sous la neige, et qui se réveilleront demain les pieds gelés, d'autres qui sont couchés, mais sur la glace et qui ne se réveilleront pas ; d'autres qui marchent pieds nus par un froid de dix degrés parce qu'ayant ôté leurs souliers, ils n'ont plus la force de les remettre, d'autres couverts de plaies qu'on ne panse pas ; tous sans abri, sans feu, presque sans aliments, faute de moyens de transport, ayant pour vêtements des haillons mouillés devenus glaçons, rongés de dyssenteries et de typhus, tués par le lit où ils dorment, empoisonnés par l'eau qu'ils boivent, (1) harcelés de sorties, criblés de bombes, réveillés de l'agonie par la mitraille, et ne cessant d'être des com-

---

(1) Les détails lugubres abondent. En voici quelques-uns pris au hasard :

Correspondance particulière :

Balaklava 30 janvier.— « Un petit cours d'eau vient des montagnes à Balaklava et se rend à la mer. C'est à peu près la seule eau potable ; c'est précisément cette eau qui a été la cause de maladies atroces, d'espèces d'empoisonnements inexplicables. En tout son cours, ce filet d'eau a reçu des détritus sans nombre

battants que pour redevenir des mourants ; cette tranchée, où l'Angleterre à l'heure qu'il est, a entassé trente mille soldats, où la France, le 17 décembre, — j'ignore le chiffre ultérieur, — avait couché quarante-six mille sept cents hommes, cette tranchée où, en moins de trois mois, quatre vingt mille hommes ont disparu, cette tranchée de Sébastopol, c'est la fosse des deux armées. Le creusement de cette fosse, qui n'est pas finie, a déjà coûté trois milliards.

La guerre est un fossoyeur en grand qui se fait payer cher.

Oui, pour creuser la fosse des deux armées d'Angleterre et de France, la France et l'Angleterre, en comptant tout, y compris le capital des flottes englouties, y compris la dépression de l'industrie, du commerce et du crédit, ont déjà dépensé trois milliards. Trois milliards ! avec ces trois milliards on eût complété le réseau des chemins de fer anglais et français, on eût construit le tunnel tubulaire de la Manche, meilleur trait d'union des deux peuples que la poignée de main de lord Palmerston et de M. Bonaparte qu'on nous montre au-dessus de nos têtes avec cette

---

et sans nom : carcasses de chevaux, entrailles de bestiaux, cadavres même, parfois, etc. Vous devinez le résultat de cette imprévoyance ....
....

Le bois manque ; c'est une rude privation. On a distribué du charbon ; il en est résulté de fâcheux accidents. Deux officiers d'artillerie, entre autres, ont été asphyxiés sous leur tente."

Constantinople 5 février.

" Les maladies dominantes, et les plus graves dans les hôpitaux, sont les dyssenteries et les congélations. Les dyssenteries ont une intensité incroyable ; j'ai vu un malheureux officier changer huit fois de draps en quelques heures."

Devant Sébastopol, 8 janvier. — " Les pleurésies, les fluxions de poitrine, les rhumatismes, et les pulmonies ont paru parmi nous, et quoique la diarrhée et la dyssenterie soient moins intenses, les cas de scorbut augmentent considérablement. Hier, 7 janvier, le 63e régiment n'avait que sept hommes sous les armes. Le 46e n'en avait que trente. Une forte compagnie du 90e a été réduite à 14 hommes par les épreuves de la semaine dernière, et le régiment auquel elle appartient, quoique cité pour sa

légende : A LA BONNE FOI ; avec ces trois milliards, on eût drainé toutes les bruyères de France et d'Angleterre, donné de l'eau salubre à toutes les villes, à tous les villages et à tous les champs, assaini la terre et l'homme, reboisé dans les deux pays toutes les pentes, prévenu par conséquent les inondations et les débordements, empoissonné tous les fleuves de façon à donner au pauvre le saumon à un sou la livre, multiplié les ateliers et les écoles, exploré et exploité partout les gisements houilliers et minéraux, doté toutes les communes de pioches à vapeur, ensemencé les millions d'hectares en friche, transformé les égouts en puits d'engrais, rendu les disettes impossibles, mis le pain dans toutes les bouches, décuplé la production, décuplé la consommation, décuplé la circulation, centuplé la richesse ! — il vaut mieux prendre — je me trompe — ne pas prendre Sébastopol !

Il vaut mieux employer ses milliards à faire périr ses armées ! il vaut mieux se ruiner à se suicider !

Donc, devant le continent qui frissonne, les deux armées agoni-

---

bonne santé, a eu 50 morts en une quinzaine. Les Gardes écossais qui comptaient 1562 hommes au commencement ne comptent plus que 210 hommes à la parade, y compris les domestiques et caporaux. Tous les régiments ont subi des pertes analogues."
(*Times*, 29 janvier 1855.)

" L'armée anglaise a cessé d'être une armée. Elle n'en porte que le nom. Des 56,000 hommes que le gouvernement anglais a envoyés en Orient, il ne reste plus, en ce moment, que 10,000 ou 11,000 hommes, et encore ne sont-ils pas tous capables de porter les armes. Je dois ajouter, de plus, qu'il y a 10,000 malades dans les hôpitaux de Constantinople, et 1,000 dans les ambulances de Balaklava ; les autres ne sont plus..............................
....

Le 63e régiment est parti le 21 janvier pour Balaklava, d'où il s'est embarqué pour Scutari. Il était fort de 30 hommes, officiers, état-major et soldats compris, escorte à peine suffisante pour accompagner le drapeau. Lors du débarquement en Crimée, ce régiment comptait 970 hommes : il avait reçu depuis un renfort de 30 hommes. Il n'y avait qu'UN sergent pour représenter une compagnie entière de grenadiers, qui était forte de 120 hommes !
(*Times*, 17 février 1855).

sent. Et pendant ce temps-là, que fait "l'empereur Napoléon III ?"
J'ouvre un journal de l'empire, (*l'orateur déploie un journal*) et
j'y lis : " Le carnaval poursuit ses joies. Ce ne sont que fêtes
"et bals. Le deuil que la Cour a pris à l'occasion des morts des
" reines de Sardaigne sera suspendu vingt-quatre heures pour ne
" pas empêcher le bal qui va avoir lieu aux Tuileries."
 Oui, c'est le bruit d'un orchestre que nous entendons dans le
pavillon de l'Horloge ; oui, le *Moniteur* enrégistre et détaille le
quadrille où ont "figuré leurs Majestés ; " oui, l'empereur danse,
oui, ce Napoléon danse, pendant que, les prunelles fixées sur les
ténèbres, nous regardons, et que le monde civilisé, frémissant,
regarde avec nous Sébastopol, ce puits de l'abîme, ce tonneau sombre où viennent l'une après l'autre, pâles, échevelées, versant dans
le gouffre leurs trésors et leurs enfants, et recommençant toujours, la France et l'Angleterre, ces deux Danaïdes aux yeux
sanglants !
 Pourtant on annonce que "l'empereur" va partir. Pour la Crimée ! est-ce possible ? Voici que la pudeur lui viendrait et qu'il
aurait conscience de la rougeur publique ? On nous le montre
brandissant vers Sébastopol le sabre de Lodi, chaussant les bottes
de sept lieues de Wagram, avec Troplong et Baroche éplorés
pendus aux deux basques de sa redingotte grise. Que veut dire ce
va-t-en guerre ? — Citoyens, un souvenir. Le matin du coup
d'Etat, apprenant que la lutte commençait, M. Bonaparte s'écria :
je veux aller partager les dangers de mes braves soldats ! Il y
eut probablement là quelque Baroche ou quelque Troplong qui
s'éplora. Rien ne put le retenir. Il partit. Il traversa les
Champs-Elysées et les Tuileries entre deux triples haies de
bayonnettes. En débouchant des Tuileries, il entra rue de l'Echelle. Rue de l'Echelle, cela signifie rue du Pilori ; il y avait
là autrefois en effet une échelle ou pilori. Dans cette rue, il aperçut de la foule, il vit le geste menaçant du peuple ; un ouvrier lui
cria : à bas le traître ! Il pâlit, tourna bride, et rentra à l'Elysée.
Ne nous donnons donc pas les émotions du départ. S'il part, la
porte des Tuileries, comme celle de l'Elysée, reste entrebaillée
derrière lui ; s'il part, ce n'est pas pour la tranchée où l'on agonise, ni pour la brèche où l'on meurt. Le premier coup de canon
qui lui criera : à bas le traître ! lui fera rebrousser chemin.
Soyons tranquilles. Jamais, ni dans Paris, ni en Crimée, ni
dans l'histoire, Louis-Bonaparte ne dépassera la rue de l'Echelle.

Du reste, s'il part, l'œil de l'histoire sera fixé sur Paris. Attendons.

Citoyens, je viens d'exposer devant vous, et je circonscris la peinture, le tableau que présente l'Europe aujourd'hui.

Ce que serait l'Europe républicaine, je vous l'ai dit : ce qu'est l'Europe impériale, vous le voyez.

Dans cette situation générale, la situation spéciale de la France, la voici :

Les finances gaspillées, l'avenir grevé d'emprunts, lettres de change signées DEUX-DÉCEMBRE et LOUIS BONAPARTE et par conséquent sujettes à protêt, l'Autriche et la Prusse ennemies avec des masques d'alliées, la coalition des rois, latente mais visible ; les rêves de démembrement revenus, un million d'hommes prêt à s'ébranler vers le Rhin au premier signe du czar, l'armée d'Afrique anéantie. Et pour point d'appui, quoi ? l'Angleterre ; un naufrage.

Tel est cet effrayant horizon aux deux extrémités duquel se dressent deux spectres, le spectre de l'armée en Crimée, le spectre de la république en exil.

Hélas ! l'un de ces deux spectres a au flanc le coup de poignard de l'autre, et le lui pardonne.

Oui, j'y insiste, la situation est si lugubre que le parlement épouvanté ordonne une enquête, et qu'il semble à ceux qui n'ont pas foi en l'avenir des peuples providentiels que la France va périr et que l'Angleterre va sombrer.

Résumons.

La nuit partout. Plus de tribune en France, plus de presse, plus de parole. La Russie sur la Pologne, l'Autriche sur la Hongrie, l'Autriche sur Milan, l'Autriche sur Venise, Ferdinand sur Naples, le pape sur Rome, Bonaparte sur Paris. Dans ce huis-clos de l'obscurité, toutes sortes d'actes de ténèbres ; exactions, spoliations, brigandages, transportations, fusillades, gibets ; en Crimée, une guerre affreuse ; des cadavres d'armées sur des cadavres de nations ; l'Europe cave d'égorgement. Je ne sais quel tragique flamboiement sur l'avenir. Blocus, villes incendiées, bombardements, famines, pestes, banqueroutes. Pour les intérêts et les égoïsmes le commencement d'un sauve qui peut. Révoltes obscures des soldats en attendant le réveil des citoyens. Etat de choses terrible, vous dis-je, et cherchez-en l'issue. Prendre Sébastopol, c'est la guerre sans fin ; ne pas prendre Sébastopol, c'est l'humiliation sans remède. Jusqu'à présent on s'était ruiné pour la gloire, maintenant on se ruine pour l'opprobre. Et que deviendront, sous ce trépignement de césars furieux, ceux des peuples qui survivent? Ils pleureront jusqu'à leur dernière larme, ils paieront jusqu'à leur dernier sou, ils saigneront jusqu'à leur dernier enfant. Nous sommes en Angleterre, que voyons-nous autour de nous ? partout des femmes en noir. Des mères, des sœurs, des orphelines, des veuves. Rendez-leur donc ce qu'elles pleurent, à ces femmes ! Toute l'Angleterre est sous un crêpe. En France il y a ces deux immenses deuils, l'un qui est la mort, l'autre, pire, qui est l'ignominie ; l'hécatombe de Balaklava et le bal des Tuileries.

Proscrits, cette situation a un nom. Elle s'appelle " la société sauvée. "

Ne l'oublions pas, ce nom nous le dit, reportons toujours tout à l'origine. Oui, cette situation, toute cette situation sort du "grand acte" de décembre. Elle est le produit du parjure du 2 et de la boucherie du 4. On ne peut pas dire d'elle du moins qu'elle est bâtarde. Elle a une mère, la trahison, et un père, le massacre. Voyez ces deux choses qui aujourd'hui se touchent comme les deux doigts de la main de justice divine, le guet-apens de 1851 et la calamité de 1855, la catastrophe de Paris et la catastrophe de l'Europe. M. Bonaparte est parti de ceci pour arriver à cela.

Je sais bien qu'on me dit, je sais bien que M. Bonaparte me dit et me fait dire par ses journaux : — Vous n'avez à la bouche que le deux-décembre ! Vous répétez toujours ces choses-là ! — à quoi je réponds : — Vous êtes toujours là !

Je suis votre ombre.

Est-ce ma faute à moi si l'ombre du crime est un spectre ?

Non ! non ! non ! non ! ne nous taisons pas, ne nous lassons pas, ne nous arrêtons pas. Soyons toujours là, nous aussi, nous qui sommes le droit, la justice, et la réalité. Il y a maintenant au dessus de la tête de Bonaparte deux linceuls, le linceul du peuple et le linceul de l'armée, agitons les sans relâche. Qu'on entende sans cesse, qu'on entende à travers tout, nos voix au fond de l'horizon ! ayons la monotonie redoutable de l'océan, de l'ouragan, de l'hiver, de la tempête, de toutes les grandes protestations de la nature.

Ainsi, citoyens, une bataille à outrance, une fuite sans fond de toutes les forces vives, un écroulement sans limites, voilà où en est cette malheureuse société du passé qui s'était crue sauvée en effet parce qu'un beau matin elle avait vu un aventurier, son conquérant, confier l'ordre au sergent-de-ville et l'abrutissement au jésuite !

Cela est en bonnes mains, avait-elle dit.

Qu'en pense-t-elle maintenant ?

O Peuples, il y a des hommes de malédiction. Quand ils promettent la paix, ils tiennent la guerre, quand ils promettent le salut, ils tiennent le désastre, quand ils promettent la prospérité, ils tiennent la ruine, quand ils promettent la gloire, ils tiennent la honte. Quand ils prennent la couronne de Charlemagne, ils mettent dessous le crâne d'Ezzelin ; quand ils refont la médaille de César, c'est avec le profil de Mandrin ; quand ils recommencent l'empire, c'est par 1812 ; quand ils arborent un aigle, c'est une orfraie; quand ils apportent à un peuple un nom, c'est un faux nom, quand ils lui font un serment, c'est un faux serment, quand ils lui annoncent un Austerlitz, c'est un faux Austerlitz ; quand ils lui donnent un baiser, c'est le baiser de Judas ; quand ils lui offrent un pont pour passer d'une rive à l'autre, c'est le pont de la Bérézina.

Ah! il n'est pas un de nous, proscrits, qui ne soit nâvré, car la désolation est partout, car l'abjection est partout, car l'abomination est partout ; car l'accroissement du czar, c'est la diminution de la lumière ; car, moi qui vous parle, l'abaissement de cette grande, fière, généreuse et libre Angleterre m'humilie comme homme ; car, suprême douleur, nous entendons en ce moment la France qui tombe avec le bruit que ferait la chute d'un cercueil !

Vous êtes navrés, mais vous avez courage et foi. Vous faites bien, amis. Courage, plus que jamais ! Je vous l'ai dit déjà, et cela devient plus évident de jour en jour, à cette heure la France et l'Angleterre n'ont plus qu'une voie de salut, l'affranchissement des peuples, la levée en masse des nationalités, la révolution. Extrémité sublime. Il est beau que le salut soit en même temps la justice. C'est là que la Providence éclate. Oui, courage plus que jamais! Dans le péril Danton criait : de l'audace ! de l'audace! et encore de l'audace! — Dans l'adversité il faut crier : de l'espoir ! de l'espoir et encore de l'espoir ! — Amis, la grande république, la république démocratique, sociale et libre rayonnera avant peu, car c'est la fonction de l'empire de la faire renaître, comme c'est la fonction de la nuit de ramener le jour. Les hommes de tyrannie et de malheur disparaîtront. Leur temps se compte maintenant par minutes. Ils sont adossés au gouffre ; et déjà, nous qui sommes dans l'abîme, nous pouvons voir leur talon qui dépasse le rebord du précipice. O proscrits ! j'en atteste les ciguës que les Socrates ont bues, les Golgotha où sont montés les Jésus-Christ, les Jéricho que les Josué ont fait crouler ; j'en atteste les bains de sang qu'ont pris les Thraséas, les braises ardentes qu'ont mâchées les Porcia, épouses des Brutus, les bûchers d'où les Jean Huss ont crié : le cygne naîtra ! j'en atteste ces mers qui nous entourent et que les Christophe-Colombs ont franchies, j'en atteste ces étoiles qui sont au dessus de nos têtes et que les Galilées ont interrogées, proscrits, la liberté est immortelle ! Proscrits, la vérité est éternelle !

Le progrès, c'est le pas même de Dieu.

Donc, que ceux qui pleurent se consolent, et que ceux qui tremblent — il n'y en a pas parmi nous — se rassurent. L'humanité ne connaît pas le suicide et Dieu ne connaît pas l'abdication. Non, les peuples ne resteront pas indéfiniment dans les ténèbres, ignorant l'heure qu'il est dans la science, l'heure qu'il est dans la philosophie, l'heure qu'il est dans l'art, l'heure qu'il est dans l'esprit humain, l'œil stupidement fixé sur le despotisme, ce sinistre cadran d'ombre où la double aiguille sceptre et glaive, à jamais immobile, marque éternellement Minuit !

VIVE LA RÉPUBLIQUE UNIVERSELLE !

JERSEY, IMPRIMERIE UNIVERSELLE, 19, DORSET STREET.

www.ingramcontent.com/pod-product-compliance
Lightning Source LLC
Chambersburg PA
CBHW071442060426
42450CB00009BA/2268